KUNDENSERVICE-FÄHIGKEITEN FÜR MANAGER

KUNDENSERVICE-FÄHIGKEITEN FÜR MANAGER

Serie " Management-Fähigkeiten für Führungskräfte "
von: D.K. Hawkins
Version 1.1 ~Oktober 2021
Veröffentlicht von D.K. Hawkins bei KDP
Copyright ©2021 by D.K. Hawkins. Alle Rechte vorbehalten.

Kein Teil dieser Publikation darf ohne vorherige schriftliche Genehmigung der Herausgeber in irgendeiner Form oder mit irgendwelchen Mitteln, einschließlich Fotokopien, Aufzeichnungen oder anderen elektronischen oder mechanischen Methoden oder durch ein Informationsspeicher- oder -abrufsystem, vervielfältigt, verbreitet oder übertragen werden, mit Ausnahme sehr kurzer Zitate in kritischen Rezensionen und bestimmter anderer nichtkommerzieller Verwendungen, die durch das Urheberrecht erlaubt sind.

Alle Rechte vorbehalten, einschließlich des Rechts auf vollständige oder teilweise Vervielfältigung in jeder Form.

Alle Angaben in diesem Buch wurden sorgfältig recherchiert und auf ihre sachliche Richtigkeit überprüft. Der Autor und der Verlag übernehmen jedoch keine Garantie, weder ausdrücklich noch stillschweigend, dass die hierin enthaltenen Informationen für jede Person, jede Situation oder jeden Zweck geeignet sind, und übernehmen keine Verantwortung für Fehler oder Auslassungen.

Der Leser übernimmt das Risiko und die volle Verantwortung für alle Handlungen. Der Autor kann nicht für Verluste oder Schäden verantwortlich gemacht werden, die sich aus den in diesem Buch enthaltenen Informationen ergeben könnten.

Alle Bilder sind frei verwendbar oder von Stockfoto-Websites erworben oder lizenzfrei für die kommerzielle Nutzung. Ich habe mich bei der Erstellung dieses Buches auf meine eigenen Beobachtungen sowie auf viele verschiedene Quellen gestützt, und ich habe mein Bestes getan, um die Fakten zu überprüfen und die Quellen zu nennen, wo es angebracht ist. Sollte Material ohne entsprechende Erlaubnis verwendet worden sein, kontaktieren Sie mich bitte, damit das Versehen korrigiert werden kann.

Die in diesem Buch enthaltenen Informationen dienen nur zu Informationszwecken und sind nicht als Quelle für Ratschläge oder Kreditanalysen in Bezug auf das dargestellte Material gedacht. Die in diesem Buch enthaltenen Informationen und/oder Dokumente stellen keine Rechts- oder Finanzberatung dar und sollten niemals ohne vorherige Rücksprache mit einem Finanzfachmann verwendet werden, um festzustellen, was für Ihre individuellen Bedürfnisse am besten geeignet ist.

Der Herausgeber und der Autor geben keine Garantie oder andere Versprechen hinsichtlich der Ergebnisse, die durch die Verwendung des Inhalts dieses Buches erzielt werden können. Sie sollten niemals eine Anlageentscheidung treffen, ohne vorher Ihren eigenen Finanzberater zu konsultieren und Ihre eigenen Nachforschungen und Sorgfaltsprüfungen durchzuführen. Soweit gesetzlich zulässig, lehnen der Herausgeber und der Autor jegliche Haftung für den Fall ab, dass sich die in diesem Buch enthaltenen Informationen, Kommentare, Analysen, Meinungen, Ratschläge und/oder Empfehlungen als ungenau, unvollständig oder unzuverlässig erweisen oder zu Investitions- oder anderen Verlusten führen.

Der in diesem Buch enthaltene oder zur Verfügung gestellte Inhalt stellt keine Rechts- oder Anlageberatung dar, und es entsteht keine Beziehung zwischen Anwalt und Mandant. Der Herausgeber und der Autor stellen dieses Buch und seinen Inhalt auf der Basis "wie besehen" zur Verfügung. Die Nutzung der Informationen in diesem Buch erfolgt auf eigene Gefahr..

INHALTSVERZEICHNIS.

INHALTSVERZEICHNIS. 4
EINFÜHRUNG. 6
KAPITEL 1 9
    Entwicklung des Kundendienstes für die persönliche Entwicklung von Managern. 9
KAPITEL 2 18
    Behandeln Sie Kunden oder verwalten Sie Traumata im Kundenservice? 18
KAPITEL 3 28
    Wichtige Komponenten eines herausragenden Kundendienstes, die Sie kennen müssen. 28
KAPITEL 4 34
    Wie Sie Ihren Kunden Ihre überragenden Kundendienstfähigkeiten vermitteln können. 34
KAPITEL 5 39
    Kompetenzen im Kundenservice und seine wichtigen Momente für Exzellenz. 39
KAPITEL 6 44
    Was ein Manager tun kann, um einen schlechten Kundenservice zu ändern. 44
KAPITEL 7 50
    Wie man Beschwerden über den Kundendienst löst. 50

KAPITEL 8 55

Der Beitrag des Managers zur Entwicklung einer Kundendienstkultur. 55

KAPITEL 9 62

Die entscheidenden Schritte zu einem außergewöhnlichen Kundenservice. 62

KAPITEL 10 69

Kundenservice und Entwicklung einer Kultur der Höchstleistung. 69

KAPITEL 11 76

Verbesserung Ihrer Fähigkeiten im Bereich Kundenservice über Nacht. 76

SCHLUSSFOLGERUNG. 84

EINFÜHRUNG.

Erfolgreiche Manager wissen, wie wichtig es ist, ein hervorragendes Kundenerlebnis zu bieten. Ein Unternehmen zu führen, das sich auf "neue" Kunden verlässt, ist kostspielig. Durch einen ausgezeichneten und beständigen Kundenservice können Sie Kunden zu Stammkunden und treuen Kunden machen.

Damit sich ein Kunde willkommen und geschätzt fühlt, muss man wissen, wie man mit einer Beschwerde umgeht, einen Kunden begrüßt und ihm das Gefühl gibt, dass er geschätzt wird. Das Endergebnis eines Unternehmens profitiert davon, wenn die Mitarbeiter dieses Serviceniveau verstehen und jederzeit konsequent anbieten.

Oft sind dies die schwierigsten Fähigkeiten, die man sich im Job aneignen muss, aber sie wirken sich auf den Kundenservice und die Managementziele aus. Führungskräfte haben die einmalige Chance, ihren Teams diese wichtigen Fähigkeiten zu vermitteln, indem sie selbst diese wichtigen Eigenschaften im Bereich des Kundendienstes demonstrieren und vorleben.

Wenn Manager über wirksame Fähigkeiten im Bereich Kundenservice verfügen, stärken sie ihre Vertriebs- und Marketinginfrastruktur und befähigen wichtige Mitarbeiter, die wesentlich zum langfristigen Erfolg des Unternehmens beitragen.

Kundenservice ist wichtig, und niemand kann Sie vom Gegenteil überzeugen. Ich wende die in diesem Buch beschriebenen Kundendiensttechniken seit zehn Jahren an, und ich kann Ihnen sagen, dass sie funktionieren. Die Kunden werden Sie beim Namen nennen und Sie ansprechen, wenn sie Ihr Geschäft oder Ihr Unternehmen betreten, um Sie zu begrüßen.

Wenn Sie als Manager Ihren Umsatz und Ihre Rentabilität steigern wollen, sollten Sie Ihren Kundenservice überarbeiten. Wenn etwas nicht in Ordnung ist, korrigieren Sie es sofort. Dies ist eine ausgezeichnete Methode zur Umsetzung von

Verbesserungen in Ihrem Unternehmen - denken Sie daran. Sind Sie bereit, Ihre Fähigkeiten im Umgang mit Kunden zu entwickeln oder zu verbessern? Wenn ja, dann lassen Sie uns loslegen.

KAPITEL 1

Entwicklung des Kundendienstes für die persönliche Entwicklung von Managern.

Eine Arbeit ist wichtig für die Entwicklung eines Menschen, nicht nur für seine Anforderungen, sondern auch für sein persönliches Wachstum, und der Erwerb von Fähigkeiten im Bereich des Kundendienstes wird zu diesem persönlichen Wachstum beitragen. Auch wenn die Arbeit nicht einfach ist, so kann sie doch sehr lohnend sein.

Arbeitsplätze im Kundendienst, die früher meist ausgelagert waren, kehren allmählich zurück, was eine gute Nachricht für diejenigen ist, die sich für diesen Bereich interessieren. Personen, die in diesem Arbeitsbereich tätig werden, haben auch viele Aussichten auf eine Beförderung und möglicherweise künftige Führungspositionen in diesem Sektor.

Während viele Unternehmen früher aufgrund des fehlenden persönlichen Kontakts mit den Kunden über das Internet wenig Wert auf die Kundenbetreuung legten, ist dies heute nicht mehr der Fall. Es wurde versandt, und Verbraucherbeschwerden wurden nicht angemessen berücksichtigt, wie es beim Kundendienst der Fall ist.

Infolge des Wettbewerbs hat sich dies jedoch völlig geändert, und wirksamer Kundenservice ist heute weit verbreitet, was sich für die Unternehmen, die ihn praktizieren, positiv auswirkt. Kunden, die die gewünschten Informationen erhalten und gleichzeitig sehen, dass auf ihre Probleme eingegangen wird, werden immer wiederkommen.

Die Unternehmen wollen heutzutage, dass alle ihre Kunden zufrieden sind. Daher hat die Verbesserung des Kundendienstes stets oberste Priorität. Heutzutage gibt es auch Kurse, in denen die Mitarbeiter eines Unternehmens lernen können, wie sie ihre Fähigkeiten im Kundenservice verbessern können.

Dies kann in Form von Seminaren geschehen, da die Schulung des Kundendienstes nicht offiziell sein muss. Wenn die Seminare intensiv durchgeführt werden, haben die Teilnehmer eine gute Chance, sich wertvolles Wissen anzueignen.

Einzelpersonen können in ihrer ersten Anstellung Fähigkeiten im Bereich Kundenservice erwerben. Es geht darum, die Wünsche der Kunden zu verstehen, indem man sich in ihre Lage versetzt. Das kann nur der gesunde Menschenverstand sein, den eine Person leicht verstehen wird. Aber nicht jeder wird das sofort verstehen, viele schon. Während einige mehr Zeit brauchen, um es vollständig zu begreifen, werden andere es als selbstverständlich hinnehmen.

Manche Menschen lernen und begreifen zwar den Wert des Kundendienstes und seine Vorteile für ihre jeweilige Laufbahn, aber es fehlt ihnen vielleicht die Motivation, nach mehr zu streben. Ein hervorragender Kundendienst kann den Weg für persönliches Wachstum in Ihrem Beruf ebnen. Dies könnte Ihr Weg zu zukünftigem Wachstum und vielleicht zu Führungsaufgaben sein.

Dies ist auch ohne eine formale Ausbildung im Bereich der Kundenbetreuung möglich. Ihre hervorragenden Leistungen als Mitarbeiter und Ihre Rolle bei der Erbringung eines ausgezeichneten Kundendienstes werden als Grundlage für Wachstum und Aufstieg dienen.

In jedem Unternehmen legt ein hervorragender Kundenservice den Grundstein für die Zufriedenheit der Kunden. Zufriedene Kunden sind jedoch nicht nur für den Vertrieb von Vorteil, sondern für alle. Sowohl Vertriebsmitarbeiter als auch Kundendienstmitarbeiter am Telefon können von zufriedenen Kunden profitieren.

Jeder hat schon einmal ein Geschäft oder einen Betrieb besucht, in dem ein Mitarbeiter mehr getan hat, als verlangt wurde. Vielleicht hatten Sie einen ausgezeichneten Kellner, der Ihr Getränk nie allein stehen ließ, oder ein Verkäufer kam sofort mit einer Hose in einer anderen Größe zurück. Jeder hatte schon einmal einen Mitarbeiter, der ihm geholfen hat, und er musste den Vorgesetzten über seine Leistungen informieren.

Wenn Sie über die Mindestanforderungen Ihrer Arbeit hinausgehen, heben Sie sich in jeder beruflichen Situation von anderen ab. Wenn Sie dafür sorgen, dass jeder Kunde, dem Sie helfen, so zufrieden wie möglich ist, erscheinen Sie als ausgezeichneter Mitarbeiter. Es ist unglaublich befriedigend, wenn ein Kunde seine Meinung äußert oder wenn die Geschäftsleitung bemerkt, wie viel Mühe Sie sich bei Ihrer Arbeit geben.

Sie sollten sich nicht scheuen, die Geschäftsleitung nach möglichen Kundendienstschulungen zu fragen, wenn Sie in diesem Bereich Hilfe benötigen. Die Chancen stehen gut, dass eine DVD zum Thema Kundenservice oder andere Schulungsmaterialien für Mitarbeiter Ihnen das nötige Rüstzeug geben, um die Erwartungen der Kunden zu erfüllen und zu übertreffen.

Jeder arbeitet für Geld, und je mehr Geld Sie verdienen, desto besser geht es Ihnen. Was ist also der beste Ansatz, um Ihr Einkommen zu steigern?

Streben Sie eine Beförderung an. Positives Denken und das Übertreffen der beruflichen Anforderungen sind die besten Voraussetzungen für eine Beförderung.

Viele Arbeitnehmer wünschen sich eine Beförderung, wissen aber nicht, wie sie diese erreichen können, geschweige denn, wie sie zu auffälligen Mitarbeitern werden. Leider gibt es keine narrensichere Strategie für den Erfolg, da sich die Welt ständig verändert. Die einzige todsichere Strategie, um Ihre Sichtbarkeit am Arbeitsplatz zu erhöhen, besteht jedoch darin, ein hervorragender Kundenbetreuer zu sein und Ihre Fähigkeiten im Umgang mit Kunden zu verbessern.

Niemand hat Freude an der Begegnung mit einem schlecht gelaunten Verkäufer. Ob das Grinsen nun echt oder künstlich ist, ein Lächeln und eine fröhliche Person geben den Kunden das Gefühl, willkommen zu sein. Umgekehrt wird ein "fröhlicher" und "arbeitsfreudiger" Tonfall den Kunden dazu bewegen, wiederzukommen und Ihnen weitere Fragen zu stellen.

Kenntnisse über die Produkte, die Sie verkaufen, oder umfassende Kenntnisse über das Unternehmen, für das Sie arbeiten, erleichtern die Beantwortung von Fragen. Außerdem zeigen Sie damit Ihren Vorgesetzten, dass Sie sich kümmern.

Wenn sich ein Kunde mit einer Frage an Sie wendet, ist es für Ihre Werbemaßnahmen nicht hilfreich, wenn Sie gezwungen sind, ihn an einen anderen Mitarbeiter zu verweisen. Sie könnten die Beförderung auch an den anderen Kollegen weiterleiten, was in den Augen der Kunden oder der Geschäftsleitung nicht angemessen erscheint.

Indem Sie Ihren Kunden einen angenehmen Aufenthalt bieten, können Sie sich von Mitarbeitern abheben, die die Kundenzufriedenheit nicht in den Vordergrund stellen. Wenn Sie dafür bekannt sind, dass Sie über die Ihnen von Ihren Vorgesetzten zugewiesenen Aufgaben hinausgehen, kann Ihnen das einen guten Ruf verschaffen und zu einer schnelleren Beförderung führen.

Arbeitgeber stellen Mitarbeiter ein, die zum Erfolg ihres Unternehmens beitragen, und wollen diese auch halten, oder? Gehen Sie also die Extrameile, um den Kunden zufrieden zu stellen, und positionieren Sie sich für den Erfolg.

Die Teilnahme an Berufsausbildungen, in denen Fähigkeiten im Umgang mit Kunden gelehrt werden, kann ebenfalls dazu beitragen, Fähigkeiten im Umgang mit Kunden zu entwickeln. Sie können dies in Ihrer Freizeit tun und gleichzeitig Ihren beruflichen Werdegang festigen, was Ihrer persönlichen Entwicklung und Ihrem beruflichen Aufstieg zugute kommt.

Sie können durch die von Ihnen besuchten beruflichen Kurse, Seminare und Schulungen gute Zeugnisse erwerben. All diese Faktoren erhöhen Ihre Aufstiegschancen und die Möglichkeit, eine Führungsposition zu erlangen, auch wenn dies aufgrund der hohen Nachfrage nach diesen Positionen nicht immer einfach ist.

Ihre Fähigkeiten im Umgang mit Kunden werden sich jedoch als nützlich erweisen.

KAPITEL 2

Behandeln Sie Kunden oder verwalten Sie Traumata im Kundenservice?

Die vierteljährlichen Audits der Kundenbetreuung sollten alle Aspekte des Kundendienstes umfassen, von dem Moment, in dem ein Kunde den Ausstellungsraum betritt, über Service und Ersatzteile bis hin zur Unterstützung nach dem Verkauf und zum Marketing. Im Wesentlichen müssen sich die Manager fragen: "Stellen wir unsere Kunden, unser wertvollstes Gut, in den Vordergrund?"

Diese Untersuchungen sollten gründlich, aber nicht kompliziert sein und im Allgemeinen den folgenden sechs Schritten folgen.

Schritt eins: Sind die Methoden des Umgangs mit Kunden und ein hervorragender Kundenservice in der Unternehmenskultur verankert?

Von der untersten bis zur obersten Führungsebene muss jeder Mitarbeiter den Kundendienst als einen wesentlichen Aspekt seiner Arbeit betrachten.

In Zukunft wird der Kundenservice so selbstverständlich sein wie das Atmen, das Telefonieren mit dem Handy oder der morgendliche Kaffeegenuss. Es ist unnötig, zu viel zu tun, um einen hervorragenden ersten Eindruck zu hinterlassen, und oft sind es die kleinen Dinge, die bei den Kunden hängen bleiben. Stellen Sie sich das folgendermaßen vor:

- Eine rechtzeitige Rückmeldung bei einem Telefonanruf

- Ein aufrichtiger, freundlicher Gruß oder ein Lächeln

- Eine Karte zu einem besonderen Anlass, wie z. B. dem Jahrestag des Autokaufs.

- Ein Brief der Wertschätzung

- Jeder Mitarbeiter grüßt den anderen bei jedem Kontakt mit einem freundlichen Gruß

Jeder Mitarbeiter muss alles tun, um sicherzustellen, dass sich jeder Kunde willkommen fühlt. Ob am Telefon, persönlich oder online, auch wenn der Kunde mit einem anderen Mitarbeiter zusammenarbeitet.

Im Rahmen des Kundenserviceprozesses stellen Sie sicher, dass für jeden Kunden korrekte, standardisierte Daten erfasst und dokumentiert werden. Nutzen Sie automatisierte Systeme, um Zeiten, Arten und Daten für das Follow-up zu planen und sicherzustellen, dass die Prozesse eingehalten werden.

Schritt zwei: Beantworten wir jeden Kunden umgehend und persönlich?

Manager, Verkaufsteams und Servicemitarbeiter können auf jeden Kunden sofort und individuell reagieren. Jeder Mitarbeiter sollte sich in die Lage des Kunden versetzen, sich vorstellen, wie er behandelt werden möchte, und sich entsprechend verhalten.

Setzen sich die Vertriebsmitarbeiter mit den Kunden in Verbindung, um zu erfahren, wie zufrieden sie mit den Geschäften sind?

Hat sich die Service-Abteilung mit Ihnen in Verbindung gesetzt, um einen Termin zu vereinbaren?

Ein proaktiver Kundenservice ist ebenso wichtig wie die Beantwortung von Problemen und Anfragen der Kunden. Untersuchen Sie die bestehenden Prozesse, die zur Erfassung jeder Begegnung eingerichtet wurden, um auf künftige Kundenanfragen effizient und mit genauen Informationen zu reagieren.

Schalten Sie die automatische Antwort im Internet ab - jede Anfrage sollte individuell bearbeitet und von einem Mitarbeiter des Händlers beantwortet werden, nicht von einer Maschine. Manager sollten dieses System validieren, indem sie eine Anfrage über ein E-Mail-Konto senden, das nicht mit dem Händler verbunden ist.

Dritter Schritt: Kommunizieren wir proaktiv mit unseren Kunden?

Um Kunden zu halten und sie als Referenzen zu nutzen, ist eine effektive Kommunikation erforderlich. Es ist von entscheidender Bedeutung, die Kunden über den Status ihrer Fahrzeuge auf dem Laufenden zu halten, unabhängig davon, ob es sich um neue Fahrzeuge handelt, die bei einem anderen Händler oder im Werk bestellt wurden, oder um Fahrzeuge, die gewartet oder aktualisiert werden.

In den Kundendienstprotokollen sollte ausdrücklich festgelegt werden, was im Falle einer Änderung, die sich auf die Kundenzufriedenheit auswirken könnte, zu tun ist. Wenn sich das Fahrzeug eines Kunden verzögert, sollten Sie ihn so schnell wie möglich benachrichtigen und ihn ehrlich über die Situation informieren. Wenn einem Kunden ein Auto zu einem bestimmten Datum versprochen wird und sich die Lieferung verzögert, informieren Sie ihn unverzüglich und ehrlich darüber, wann Sie mit der Abwicklung des Problems rechnen.

Sind die Newsletter-Verteilersysteme automatisiert, um Händler und Hersteller über Neuigkeiten und andere Informationen zu informieren?

Werden die Kundendaten genutzt, um Kunden auf der Grundlage von familiären Meilensteinen anzusprechen, die den Kauf eines Fahrzeugs erforderlich machen könnten (z. B. der bevorstehende sechzehnte Geburtstag eines Kindes oder der Schulabschluss)?

Vierter Schritt: Loben wir unsere Kunden sichtbar und kontinuierlich?

Die Kundenbetreuung sollte vom ersten Moment an ein Gefühl des Willkommenseins und der Wertschätzung für den Kunden vermitteln, und zwar während des gesamten Kundenkontakts, einschließlich der Zeit nach dem Kauf und des Kundendienstes. Stellen Sie sicher, dass Protokolle festlegen, wie ihre Daten erfasst, ihre Bedürfnisse ermittelt und sie mit einem Mitarbeiter verbunden werden, der ihnen beim Kauf des gewünschten Fahrzeugs oder der gewünschten Dienstleistung behilflich sein kann.

Werden Kunden, die den Händler oder die Serviceabteilung besuchen, mit einem Gefühl des Willkommens begrüßt?

Werden grundlegende Annehmlichkeiten wie Kaffee, Wasser und eine bequeme Sitzgelegenheit angeboten?

Halten wir einen Korb mit Spielzeug bereit, wenn Kinder ihre Eltern begleiten?

Weniger Ablenkungen führen zu einem angenehmeren Erlebnis, was wiederum zu mehr Umsatz führt. Das Wichtigste: Bedanken wir uns bei den Kunden für ihren Besuch, ihr Interesse, ihre Zeit und ihren Kauf?

Fünfter Schritt: Holen wir Kundenfeedback ein und reagieren wir darauf?

Untersuchen Sie die Mechanismen, mit denen wir Kundenfeedback einholen.

Senden wir ihnen voradressierte Antwortkarten oder eine E-Mail-Umfrage, in der wir sie um ihr Feedback zu ihren Erfahrungen bitten?

Wie oft wird ihre Meinung eingeholt?

Was geschieht mit dem erhaltenen Feedback?

Passen Sie den Kundenservice an, um den Bedürfnissen aller Kunden auf der Grundlage des direkten Feedbacks besser gerecht zu werden, und bedanken Sie sich bei den Verbrauchern, die Ihnen helfen, etwas zu bewirken.

Sind Veranstaltungen zur Wertschätzung der Kunden, wie z. B. Workshops und VIP-Vorführungen, geplant?

Werden Daten aus diesen Ereignissen gesammelt und analysiert, um mehr Feedback zu erhalten?

Sechster Schritt: Experimentieren wir ständig mit neuen Ansätzen, um einen besseren Service zu bieten?

Kundenservice ist zwar die Pflicht eines jeden Mitarbeiters, aber er beginnt mit dem Händler. Die Manager sind für die Vermittlung von herausragenden Fähigkeiten im Kundenservice verantwortlich, aber sie müssen diese Verhaltensweisen auch ihren Mitarbeitern als Führungskräfte vorleben. Ein hervorragender Kundenservice erfordert das Wissen, dass die Hauptaufgabe darin besteht, den Kunden bei der

Auswahl des richtigen Fahrzeugs zu unterstützen, und nicht darin, Fahrzeuge zu verkaufen.

Vierteljährliche Kundenbetreuungschecks ermöglichen es Managern, ihre Kundendienst- und Kundenbearbeitungsprozesse zu analysieren und festzustellen, ob diese Prozesse konsequent befolgt werden. Anstatt sich mit Kundenkatastrophen zu befassen, können Manager diese Daten nutzen, um rationale Entscheidungen zur Verbesserung der Kundenerfahrung zu treffen.

KAPITEL 3

Wichtige Komponenten eines herausragenden Kundendienstes, die Sie kennen müssen.

Welche Faktoren tragen zu einer außergewöhnlichen, lohnenden Erfahrung im Kundenservice bei? Wenn Sie ein Kunde sind, ist es das Lächeln auf Ihrem Gesicht nach einer reibungslosen Transaktion und das Ziel, viele Male bei diesem Unternehmen zu kaufen.

Aus der Sicht eines Unternehmens ist es eine Synthese vieler wichtiger Faktoren. Lernen Sie im Folgenden die Grundsätze eines exzellenten Kundendienstes kennen, der Ihnen hilft, Wiederholungskäufe zu tätigen und neue Kunden zu gewinnen.

Um einen reibungslosen Ablauf zu gewährleisten, sollten Sie eine seriöse Software verwenden, die es Ihnen ermöglicht, wichtige Kundeninformationen wie Kontaktinformationen, Produkt-/Dienstleistungspräferenzen, Kaufhistorie und Zahlungsarten zu erfassen. Das System muss für alle Mitarbeiter leicht zugänglich sein, um die Datenverwaltung zu erleichtern.

Natürlich muss Ihr Team gründlich in der Bedienung des Systems geschult werden.

Proaktive Problemlösung - Ein proaktives, vorausschauendes Kundenbetreuungsteam arbeitet daran, potenzielle Probleme zu erkennen und zu lösen. Es ist ganz einfach, proaktiv zu sein. Erkundigen Sie sich nach den Vorlieben und Abneigungen Ihrer Kunden in Bezug auf Ihre Produkte und/oder Dienstleistungen.

Erlauben Sie ihnen, zu erläutern, was sie ändern oder verbessern möchten. Auf diese Weise kann Ihr Unternehmen schnell feststellen, in welchen Bereichen die Kunden unzufrieden sind, und eine

Strategie entwickeln, um diese Probleme wirksam anzugehen.

Fortlaufende Schulung und Entwicklung - Eine weitere wichtige Komponente eines guten Kundendienstes ist die regelmäßige Schulung der Mitarbeiter. Abgesehen davon, dass die Mitarbeiter regelmäßig geschult werden müssen, hilft ihnen die Schulung auch dabei, ihre Fähigkeiten im Umgang mit dem Kunden zu verbessern.

Außerdem entwickeln sich die Produkte und Geräte sowie die Methoden des Kundendienstes ständig weiter. Durch Schulungen bleiben Ihre Mitarbeiter über Marktentwicklungen und neue Möglichkeiten, Ihre Kunden zu begeistern, auf dem Laufenden.

Freundlichkeit und Hilfsbereitschaft - Freundlichkeit und Hilfsbereitschaft können persönlich, am Telefon oder sogar online gezeigt werden. Dies gilt jedoch besonders für Mitarbeiter, die direkt mit den Kunden arbeiten.

Denken Sie daran, dass ein einfaches Lächeln und ein Hallo einen Eindruck bei einem Kunden hinterlassen können. Helfen Sie den Kunden bei ihren Bestellungen, Anfragen und Schwierigkeiten so gut Sie können. Versichern Sie ihnen, dass Sie mehr als bereit sind, ihnen bei ihren Bedürfnissen zu helfen.

Pünktlichkeit bezieht sich auf die konsequente Erfüllung der Kundenwünsche in Bezug auf Lieferung, Reaktionszeiten und Auftragsabwicklung. Als kundenorientiertes Unternehmen sind Sie bestrebt, die Wartezeiten zu minimieren. Kunden sind nicht die nachsichtigsten Menschen, also legen Sie einen fairen Zeitrahmen fest und halten Sie ihn ein. Informieren Sie Ihre Kunden, wenn es zu Verzögerungen kommen kann, und halten Sie sie über den Stand der Dinge auf dem Laufenden.

Produkt- und/oder Dienstleistungsqualität - Ihre Kunden legen großen Wert auf die Qualität Ihrer Angebote. Es ist fantastisch, die besten Produkte/Dienstleistungen auf dem Markt zu haben. Das ist jedoch nicht immer der Fall.

Gelegentlich suchen Kunden nach einem akzeptablen Produkt oder einer akzeptablen Dienstleistung, da sie nur ein begrenztes Budget haben. Stellen Sie daher sicher, dass das Produkt oder die Dienstleistung, die Sie anbieten, den Erwartungen Ihres Zielmarktes entspricht.

Auch wenn dies nur eine Kleinigkeit zu sein scheint, so ist es doch ein wichtiger Aspekt eines hervorragenden Kundendienstes. Die Umgebung kann in Form eines Ladengeschäfts oder eines Internetshops gestaltet sein.

Ist Ihr Geschäft ordentlich und aufgeräumt?

Ist Ihre Website intuitiv und gut gestaltet?

Achten Sie auf diese scheinbar unbedeutenden Details, da sie einen erheblichen Einfluss auf Ihre Kunden und Interessenten haben.

Um in Ihrem Unternehmen eine Kultur des Kundendienstes zu kultivieren, sollte jeder Mitarbeiter mit fünf wichtigen Komponenten eines hervorragenden Kundendienstes vertraut sein und diese verstehen. Wenn diese erfolgreich umgesetzt werden, wird Ihr Unternehmen zweifellos davon profitieren, bestehende Kunden zu halten und neue Kunden zu gewinnen.

KAPITEL 4

Wie Sie Ihren Kunden Ihre überragenden Kundendienstfähigkeiten vermitteln können.

Diese Frage wird häufig von Kundendienstleitern oder -mitarbeitern gestellt. Sie wollen den Kunden lediglich versichern, dass sie nichts zu befürchten haben, weil sie wissen, wie sie ihnen das Gewünschte liefern können, aber sie können dies nicht respektvoll tun.

Es ist einfach respektlos, den Verbrauchern mitzuteilen, dass "ich ein Experte bin oder mich mit dem auskenne, was ich tue" oder "entspannen Sie sich, Sir; ich kenne meine Arbeit". Selbst Menschen, die über mehr als ein Jahrzehnt Erfahrung im Kundendienst verfügen, stoßen häufig auf dieses Problem. Die unkomplizierte Lösung besteht darin, den Kunden wissen zu lassen, dass Sie als fantastischer Kundendienstleiter oder -beauftragter einsatzbereit sind.

Vermeiden Sie Enttäuschungen.

Kundendienstmitarbeiter, und damit meine ich wirklich ausgezeichnete und erfahrene Mitarbeiter, berichten oft, dass ihnen gesagt wurde: "Sie sind nicht so erfahren, Sie sind nicht auf der Höhe oder Sie sind nicht der Beste in dem, was Sie tun." Das ist der unangenehme Moment, in dem man die Fassung bewahren muss und nicht enttäuscht sein darf.

Sie behaupten dies, weil sie keine Vorstellung davon haben, dass man der Beste in seiner Arbeit ist. Es ist nicht das Ergebnis, das den Besten ausmacht. Vielmehr sind es Ihre Sorge und Ihr Interesse für das Ergebnis, die Sie zum Besten machen. Folglich müssen Sie die Ruhe bewahren und Enttäuschungen vermeiden.

Ich erkenne Sie zwar als Experten an, aber es gibt immer Raum für Verbesserungen. Nehmen Sie die Aussage gelassen hin und nutzen Sie sie als

Gelegenheit, sich weiterzuentwickeln. Nicht indem Sie darauf reagieren, sondern indem Sie einfach Ihre Arbeit fortsetzen, können Sie zeigen, dass Sie ein Experte sind, indem Sie einen ausgezeichneten Kundenservice bieten.

Zeigen Sie Wertschätzung, anstatt zu schikanieren.

Zeigen Sie Ihren Kunden, was sie sich wünschen. Konzentrieren Sie sich auf die Bedürfnisse der Kunden, anstatt sie zu schikanieren und ihre Meinung negativ zu interpretieren. Seien Sie hilfsbereit, anstatt sich von ihren Worten und unangenehmen Ansätzen irritieren zu lassen. Dies wird Ihren Kunden zweifellos Ihre Fähigkeiten demonstrieren.

Vor allem: Akzeptieren Sie.

Wenn Sie ihnen (den Kunden) nicht das bieten, was sie wünschen oder benötigen, werden sie sich zweifellos bei Ihrem Vorgesetzten oder einer höheren Behörde beschweren; so einfach und unhöflich ist das.

Wenn etwas passiert, was nicht passieren sollte, akzeptieren Sie es freundlich.

Seien Sie proaktiv und nicht reaktiv. Vermeiden Sie es, sich zu ärgern oder dem Verbraucher die Schuld zu geben; akzeptieren Sie es und bemühen Sie sich um Verbesserungen. Auch hier gibt es Raum für Verbesserungen, wenn es darum geht, einen außergewöhnlichen Kundenservice zu bieten.

Das ist nicht einfach, oder? Um ehrlich zu sein, ist nichts jemals so einfach. Denken Sie immer daran, dass Sie durch Arbeit gewinnen. Wenn Sie sich unterhalten, verlieren Sie. Verzichten Sie also auf Widerworte; leisten Sie Ihre Arbeit, und Ihre Kunden werden verstehen, dass Sie erfahren und wirklich der Größte sind in dem, was Sie tun; das müssen Sie ihnen nicht sagen. Wir freuen uns, einen hervorragenden Kundenservice zu bieten.

Ein hervorragender Kundenservice ermöglicht es einem Unternehmen, bestehende Kunden zu halten und neue Kunden zu gewinnen. Ein hervorragender

Kundenservice ermöglicht es einem Unternehmen also, zu florieren und zu gedeihen.

KAPITEL 5

Kompetenzen im Kundenservice und seine wichtigen Momente für Exzellenz.

Ein Superstar des Kundensupports ist einfühlsam, freundlich und hilfsbereit. Schenken Sie ihm Ihre Aufmerksamkeit? Zuhören ist die Krönung ihrer Höflichkeit. Die Qualität des Kundenkontakts ist der Dreh- und Angelpunkt eines hervorragenden Kundendienstes.

Dies setzt voraus, dass Sie die Kunden mit Würde, Respekt und Rücksicht behandeln. Die Loyalität der Kunden wird durch eine schlechte Einstellung des Personals und einen Mangel an Respekt untergraben. Duh? Das ist nur logisch.

Haben Sie das richtig verstanden?

Betrachten Sie die folgenden zwei Strategien für die Arbeit mit Menschen und Verbrauchern. Die erste ist ein egozentrischer Ansatz für zwischenmenschliche Beziehungen. Das bedeutet, dass Sie sich in erster Linie auf sich selbst konzentrieren und nicht auf andere.

Das Wichtigste ist, was mit Ihnen geschieht, wie es sich auf Sie auswirkt und warum es Ihnen missfällt oder gefällt. Wenn etwas nicht nach Ihren Vorstellungen läuft, werden Sie unruhig, frustriert und wütend und teilen Ihre Gefühle anderen mit. Dies ist die falsche Methode des Kundendienstes. Sie wird durch einen Mangel an Reife oder eine gefühllose Haltung verursacht. Nachlässigkeit ist eine Krankheit, die geheilt werden muss.

Der alternative Ansatz ist der auf den anderen ausgerichtete. Ihr Ziel ist es, anderen zu helfen, insbesondere Verbrauchern oder Mitarbeitern. Helfen Sie anderen Menschen, das zu bekommen, was sie wollen, und Sie werden bekommen, was Sie wollen", sagte Bob Conklin, ein sehr erfolgreicher und angesehener Geschäftsmann. Achten Sie darauf, wie er dies formuliert hat. Zuerst helfen Sie, und dann erhalten Sie.

Wenn dies ehrlich und mit Integrität geschieht, ist dies ein fürsorglicher Ansatz. Mit anderen Worten: Sie machen sich Gedanken über die Folgen Ihres Handelns. Du wünschst ihnen alles Gute und tust dein Bestes, um ihnen zu helfen. Dies ist eine Voraussetzung für die Superstars des Kundendienstes.

Ihr Kundenengagement lässt sich in vier Kategorien einteilen. Im Folgenden finden Sie die Definitionen:

Moment der Wahrheit: jede Handlung, die sich direkt darauf auswirkt, wie die Kunden Sie (denken Sie daran, Sie sind das Unternehmen, für das Sie arbeiten) oder Ihre Organisation wahrnehmen.

Moment der Enttäuschung; wenn Sie die Erwartungen des Kunden nicht erfüllen. Dies ist eine minderwertige Dienstleistung.

Moment der unzureichenden Leistung; wenn Sie nur die Erwartungen des Kunden erfüllen. Dies ist eine Standardleistung.

Der Moment der Magie tritt ein, wenn Sie die Erwartungen des Kunden übertreffen. Dies ist ein Beispiel für hervorragenden Kundenservice.

Das Ziel eines Superstars im Kundenservice ist es, den Kunden besser zu behandeln, als er es erwartet, indem er jeden wichtigen Moment der Wahrheit selbst steuert, um sicherzustellen, dass der Kunde einen hervorragenden Service erhält. Überlegen Sie, was Sie als Kunde beeindruckt, um zu entscheiden, was zu tun ist. Überlegen Sie auch, was Sie sich von einem Kundenbetreuer wünschen.

Jeder außergewöhnliche Service beginnt mit Höflichkeit und Freundlichkeit. Im Anschluss daran muss der Dienstleister einnehmend und optimistisch sein. Das kann bedeuten, dass er ein paar Fragen stellt und auf die Ziele oder Bedürfnisse des Kunden eingeht. Der Dienstleister muss sofort damit beginnen, das Problem des Kunden zu lösen.

Dazu kann es gehören, das Produkt oder die Dienstleistung zu erläutern, Alternativen anzubieten, eine Sorge oder ein Problem zu lösen oder einfach eine Bestellung entgegenzunehmen. Ein erfolgreicher Abschluss der Kundenbetreuung beinhaltet eine Zusammenfassung, abschließende positive Kommentare und ein Dankeschön. Die besten Dienstleister sind ständig auf der Suche nach Möglichkeiten, einen Mehrwert zu bieten.

All das erreichen Sie im Bereich der wichtigen Momente unserer Arbeit. Es ist eine Wissenschaft in dem Sinne, dass bestimmte Verfahren eingehalten werden müssen. Es ist eine Kunstform, weil Sie sie mit Ihrer Individualität und Ihrem Flair füllen und jeden Kunden als Individuum behandeln. Das ist die Essenz eines Rockstars im Kundenservice.

KAPITEL 6

Was ein Manager tun kann, um einen schlechten Kundenservice zu ändern.

Wessen Schuld ist es überhaupt?

Stellen Sie sich an eine beliebige Kassenschlange und sehen Sie das düstere Gesicht. Rufen Sie Ihren Dienstleistungsanbieter an und hören Sie die Stimme des Desinteresses. Am Arbeitsplatz sind Täuschung, Missbrauch, Misstrauen, Desorganisation, Lügen und Betrug weit verbreitet. Unternehmen und Abteilungen werden von Negativität geplagt, die den Menschen, die sich um ihre Kunden kümmern sollen, die Lebenskraft raubt.

Viele von uns fragen sich, warum sich die Menschen in einer Zeit der Knappheit nicht mehr für ihren Beruf begeistern. Als CEOs und Manager müssen wir ein positives Beispiel geben und unsere

Kundendienstmitarbeiter mit positiver Energie für den Kunden und füreinander anstecken.

Um herauszufinden, ob es ein zugrunde liegendes Problem gibt, das nicht angegangen wurde, müssen Führungskräfte, Manager und Vorgesetzte einige schwierige Fragen stellen.

"Tu, was ich sage, nicht was ich tue."

Wenn man beobachtet, wie der Chef für sich selbst und für ausgewählte Günstlinge Ausnahmen von den Regeln macht, stellt man alle Standards in Frage, die das Unternehmen zu etablieren versucht. Außerdem verwirrt es das Team hinsichtlich der Erwartungen und Sanktionen.

Die Mitarbeiter werden nur das tun, was notwendig ist, um ihr Überleben oder das Überleben der Organisation als Ganzes zu sichern. Dies wird zu Apathie führen. In Zukunft wird es einen Mangel an fürsorglichen Mitarbeitern geben, so dass es unmöglich sein wird, einen hervorragenden Kundenservice zu bieten.

Bedenken Sie Folgendes:

1) Benutze ich jemals Schimpfwörter?

2) Bezeichne ich meine Mitarbeiter oder Kunden als Idioten, dumm, nutzlos oder mit anderen abwertenden Begriffen?

3) Unterscheide ich zwischen internen und externen Kunden?

4) Lege ich Wert darauf, meine Dankbarkeit und Wertschätzung auszudrücken?

5) Lächle ich?

6) Halte ich Blickkontakt mit Personen?

Wenn Sie noch nicht herausgefunden haben, dass Ihre Antworten auf die Fragen 1 bis 3 negativ und Ihre Antworten auf die Fragen 4 bis 6 positiv sein sollten, können Sie davon ausgehen, dass Sie nicht mit gutem Beispiel vorangehen.

Die gute Nachricht ist, dass diese sechs Fragen in Aktionspläne für Sie persönlich umgewandelt werden können. Je mehr Sie sich selbst verändern, desto mehr verändern Sie auch Ihre Organisation oder Abteilung.

"Ich gehe davon aus, dass Sie sich dessen bewusst sind."

Als Berater höre ich oft, wie Manager die Vorzüge ihres Kundendienstteams preisen. Auch die Mitarbeiter des Kundendienstes geben an, dass sie ihr Bestes geben. Wenn ich mir jedoch die tatsächlichen Kundeninteraktionen anhöre, zeigt sich oft eine offensichtliche Kommunikations- oder Servicelücke. Die Werkzeuge, die ihnen fehlen, können technologischer oder informativer Natur sein, aber in den meisten Fällen mangelt es ihnen an dem, was unsere Großmütter als "soziale Umgangsformen" bezeichneten.

Soziale Umgangsformen sind eine Reihe von Fähigkeiten, die es jemandem ermöglichen, in sozialen Situationen höflich zu kommunizieren. Dazu gehören Umgangsformen, Etikette, Verhalten und Mode. Als Manager gehen wir davon aus, dass jeder versteht, wenn nicht sogar zustimmt, dass soziale Umgangsformen auch Geschäftsstandards sind.

Zu unserem Erstaunen gibt es inzwischen eine ganze Generation von Berufstätigen, die virtuelle Welten oder SMS dem persönlichen Gespräch vorziehen! Diese Mitarbeiter sind sich möglicherweise gar nicht bewusst, dass es ihnen an professionellen Umgangsformen mangelt, was sich direkt auf den Eindruck auswirkt, den sie von Ihren Kunden haben.

Was kann ein Manager tun, um zu verhindern, dass er in die Falle der pauschalen Annahmen tappt?

1) Führen Sie eine Arbeitsanalyse für die Abteilung durch, um festzustellen, welche Instrumente oder Fähigkeiten fehlen.

2) Richten Sie ein Mentorenprogramm ein. Nutzen Sie Ihre internen Talente, um sie auszubilden und als Resonanzboden für einige der komplizierteren

menschlichen Interaktionen zu dienen, die auftreten. Dies kann für einen neuen oder jungen Mitarbeiter von großem Nutzen sein.

3) Integrieren Sie ein externes Secret Shopper- oder Anrufüberwachungsprogramm, das beim Aufspüren von Fehlern hilfreich ist. Der Zweck dieser Programme besteht oft darin, sich ausschließlich auf die positiven Aspekte der Leistung des Kundendienstmitarbeiters zu konzentrieren.

KAPITEL 7

Wie man Beschwerden über den Kundendienst löst.

Unabhängig von Ihrem Standpunkt ist der Kundendienst ein wichtiger Bestandteil jedes Unternehmens, umso mehr in wirtschaftlich schwierigen Zeiten. Kundenservice ist viel mehr als nur die Funktion einer Kontaktstelle für den Kunden. Wenn er von qualifiziertem Personal richtig ausgeführt wird, kann er die Einnahmen, die Kundentreue und die Kundenbindung erheblich steigern.

Ein wichtiger Bereich ist das so genannte aktive Zuhören. Dazu gehört ein Verhalten, das die Ausrichtung eines Unternehmens auf seine Kunden widerspiegelt.

Wir alle wollen gehört werden, aber ein geschickter Kundendienstmitarbeiter kann diesen

Wunsch zügeln. Anstatt Zeit damit zu verbringen, ihre Gedanken zu formulieren und zu überlegen, wie sie ihre Meinung am effektivsten mitteilen können, hören sie aktiv zu.

Das bedeutet, dass sie aufmerksam zuhören können, während sie passende Geräusche machen und Worte in das Gespräch einfügen, um zu zeigen, dass sie den Gedankengängen des Kunden folgen.

Wie man Beschwerden in sieben einfachen Schritten löst.

Um mit Beschwerden effizient umgehen zu können, müssen Sie Ihre Fähigkeiten und Ihr Geschick im Umgang mit Problemen unter Beweis stellen. Befolgen Sie dazu die folgenden sieben Schritte.

Schritt 1: Beginnen Sie mit einer ehrlichen und unmissverständlichen Entschuldigung. Teilen Sie dem Kunden mit, dass Sie die Verantwortung übernehmen und ihm helfen wollen, eine akzeptable Lösung zu finden. Je eher Sie dem Kunden zeigen, dass Sie auf seiner Seite stehen, desto besser.

Schritt 2: Aktives Zuhören ist wichtig. Stellen Sie so viele Fragen wie möglich, um so viele Informationen wie möglich zu erhalten, und zeigen Sie dem Kunden, dass Sie an seinem Problem interessiert sind. Aktives Zuhören erfordert, dass Sie positive Laute von sich geben, um zu zeigen, dass Sie aufmerksam sind. Vermeiden Sie es auf jeden Fall, sich einzumischen.

Schritt 3: Aktive Zuhörer wiederholen die erhaltenen Schlüsselbotschaften häufig gegenüber dem Kunden oder einer anderen Person, mit der sie interagieren, um sicherzustellen, dass sie die wichtigsten Punkte verstanden haben. Dies setzt zwar nicht voraus, dass Sie in allen Punkten übereinstimmen, aber es bietet einen Rahmen, um Missverständnisse zu minimieren.

Schritt 4: Ermitteln Sie die Wünsche des Kunden. Oft sind sich die Kunden nicht sicher, was sie wollen. Vielleicht sucht er sogar nach einem Ventil für seinen Unmut. Vermeiden Sie den Fehler, vorschnell nach einer Lösung zu suchen; hören Sie ihnen stattdessen zu.

Schritt 5: Zeigen Sie stets Einfühlungsvermögen für den Kunden. Damit zeigen Sie, dass Sie die Gefühle des Kunden teilen und dass Sie die Situation wirklich lösen wollen.

Nehmen Sie niemals eine defensive Position ein. Wenn Sie wirklich geschickt sind, können Sie vielleicht jemanden beruhigen, indem Sie seinen Ton und sein Tempo anpassen. Eine gute Vorgehensweise ist es, immer einen kühlen Kopf zu bewahren, auch wenn Vorsicht geboten ist, denn das könnte als Wut auf Ihren Kunden ausgelegt werden.

Schritt 6: Möglicherweise müssen Sie weitere Nachforschungen anstellen, aber einigen Sie sich zunächst auf einen Zeitplan, auch wenn Sie die Situation nicht sofort klären können. Vergewissern Sie sich, dass Sie verstanden haben, was Sie vereinbart haben, und dass Sie zum vereinbarten Zeitpunkt zurückrufen, auch wenn es nur darum geht,

Ihnen mitzuteilen, dass die Bearbeitung des Problems mehr Zeit in Anspruch nimmt, als Sie erwartet haben.

Schritt 7: Wenn möglich, leiten Sie das Problem an eine Kundendienstabteilung oder einen Manager weiter, der die Verantwortung übernimmt. Sobald das Problem behoben ist, sollten Sie prüfen, ob Sie die Erwartungen des Kunden wirklich übertreffen können. Eine richtig bearbeitete Beschwerde kann die Loyalität des Kunden erhöhen.

KAPITEL 8

Der Beitrag des Managers zur Entwicklung einer Kundendienstkultur.

Als Manager können Sie drei wichtige Maßnahmen ergreifen, um eine Kultur des Kundendienstes in Ihrem Unternehmen zu schaffen, zu fördern und aufrechtzuerhalten.

Bedienen Ihre Mitarbeiter die Kunden nur, oder ist es ihnen ein echtes Anliegen, ihnen bei der Lösung ihrer Probleme zu helfen?

Sind sie sich darüber im Klaren, dass jede Interaktion mit ihren internen oder externen Kunden ein entscheidender Moment ist?

Ist ihnen bewusst, dass ihre Begegnung Einfluss darauf hat, ob der Kunde Ihre Organisation als hilfsbereit, freundlich und ansprechbar oder als kalt, uninteressiert und unwillkommen wahrnimmt?

1. Erstellen Sie ein Leitbild für den Kundenservice. Dieser Prozess beginnt mit der Bestimmung des wesentlichen Einflusses der Dienstleistungen Ihres Unternehmens auf interne und externe Kunden.

Überlegen Sie, welche Vorteile Ihr Produkt oder Ihre Dienstleistung Ihren Kunden zusätzlich zu den offensichtlichen Eigenschaften bietet. Ein Hersteller von Antiblockiersystemen zum Beispiel stellt nicht nur ein Produkt her. Sein Produkt rettet letztendlich Leben.

Beschreiben Sie anschließend das Bild, das Sie Ihren Kunden vermitteln wollen. Das Leitbild eines Call Centers könnte zum Beispiel wie folgt lauten: "Die Verantwortung für jeden Anruf übernehmen, jede Anfrage angemessen bearbeiten, effizient abwickeln und effektiv kommunizieren, um den Kunden rundum zufrieden zu stellen."

Ein weiteres Beispiel: Das Ziel von J.B. Hunt Transportation lautet: "Den besten Service und die besten Lösungen anbieten, um die Produktivität und Zufriedenheit der Kunden zu maximieren."

Entwickeln Sie schließlich eine Methode, um dieses Bild mit Leben zu füllen. Dazu gehören die folgenden beiden Schritte: Sicherstellen, dass sowohl das Personal als auch die organisatorischen Abläufe auf den Kunden ausgerichtet sind.

2. Verankern Sie eine kundenorientierte Einstellung und konzentrieren Sie sich auf Ihr Personal. Der Umgang jedes Mitarbeiters mit den Kunden muss den Zweck des Kundendienstes unterstützen.

Untersuchen Sie die "Momente der Wahrheit", in denen Ihre Kunden mit Ihrem Unternehmen interagieren. Sie möchten, dass Ihre Mitarbeiter in diesen Momenten stets erfreut und ansprechbar sind.

Denken Sie daran, dass der Kundenservice eine gemeinsame Verpflichtung ist, die von allen

Mitarbeitern geteilt wird. Er ist nicht auf Personen beschränkt, die an der Rezeption oder am Serviceschalter arbeiten. Es ist nicht vorhersehbar, wann ein Kunde Ihr Unternehmen kontaktieren wird.

Betonen Sie die wichtigen Kundendienstmerkmale und -fähigkeiten, die erforderlich sind, um den Zweck des Kundendienstes in Ihrem Unternehmen zu erfüllen. Die erste Anlaufstelle für potenzielle Kunden ist zum Beispiel oft ein Rezeptionist.

Diese Person muss freundlich, ansprechbar, gastfreundlich und hilfsbereit sein. Mitarbeiter, die für die Lösung von Kundenanliegen zuständig sind, müssen gut zuhören können und über Kommunikations- und Problemlösungsfähigkeiten verfügen.

Legen Sie bei der Einstellung neuer Mitarbeiter den Schwerpunkt auf den Kundenservice; führen Sie bei der Überprüfung der Bewerbungen Verhaltensinterviews durch, um zu erfahren, wie sie mit verschiedenen Kundenservice-Szenarien umgehen. Entwickeln Sie nach der Einstellung des Teams qualitative und quantitative Leistungsstandards und -kennzahlen, um zu überprüfen, ob die entsprechenden Fähigkeiten zur Kundenbetreuung während der Interaktion mit den Kunden eingesetzt werden.

3. Stellen Sie sicher, dass organisatorische Systeme, Regeln und Verfahren den Auftrag des Kundendienstes unterstützen. Bringen Sie Ihre Mitarbeiter in die unangenehme Situation, dass sie zwar den Wunsch und die Fähigkeit haben, einen außergewöhnlichen Kundenservice zu bieten, aber nicht über die notwendigen Systeme oder Verfahren verfügen, um dies zu verwirklichen.

Ermächtigen Sie die Mitarbeiter, die der Situation des Kunden am nächsten sind, wichtige Entscheidungen zur Problemlösung zu treffen. Erkennen Sie Unstimmigkeiten in den Leistungszielen und gehen Sie darauf ein. Vermeiden Sie beispielsweise, dass Mitarbeiter in eine Zwickmühle geraten, in der von ihnen erwartet wird, dass sie Kunden zufrieden stellen, während sie gleichzeitig nach der Anzahl der in einem bestimmten Zeitraum betreuten Kunden bewertet werden.

Stellen Sie sicher, dass, wenn eine Abteilung sich einem Kunden gegenüber verpflichtet, die anderen Abteilungen diese Verpflichtung auch einhalten können. Schaffen Sie Anreizsysteme, um Kunden zu belohnen, die einen hervorragenden Service bieten. Führen Sie Kundenbefragungen durch und reagieren Sie, wenn möglich, auf deren Antworten.

Vergewissern Sie sich, dass die Mitarbeiter über die erforderliche Ausbildung und die notwendigen Hilfsmittel verfügen, um eine angemessene Kundenbetreuung zu gewährleisten. Geben Sie ihnen die Mittel an die Hand, die sie benötigen, um ihre Aufgaben erfolgreich zu erfüllen. Halten Sie sie über alle Änderungen der Richtlinien auf dem Laufenden, die Auswirkungen auf Ihre Kunden haben könnten.

Überprüfen Sie auch die Formulare und sonstigen Unterlagen, die die Kunden ausfüllen müssen, um sicherzustellen, dass sie so einfach wie möglich sind, einschließlich Beispielen für ausgefüllte Formulare und ausdrücklichen Anweisungen, wie sie zu erreichen sind.

Wenn Sie und Ihre Mitarbeiter sich ständig fragen: "Wie wirkt sich das, was ich tue oder zu tun beabsichtige, auf meine Kunden aus?" und auf der Grundlage der Antwort auf diese Frage geeignete Maßnahmen ergreifen, haben Sie eine wirksame Kundendienstkultur geschaffen.

KAPITEL 9

Die entscheidenden Schritte zu einem außergewöhnlichen Kundenservice.

Ein hervorragender Kundenservice ist ein wichtiger Bestandteil jedes Geschäfts oder beruflichen Kontakts. Einem Verbraucher ein erfüllendes, angenehmes Erlebnis zu bieten, ist oft der Unterschied zwischen Erfolg und Misserfolg. Während ein hervorragender Kundenservice leicht zu erkennen ist, ist die Leistung als Fachmann eine wesentlich größere Herausforderung.

Als Managerin habe ich einen Großteil meines Verständnisses von Kundenservice aus der direkten Interaktion mit Kunden gewonnen. Als ich meine erste Stelle nach dem Studium antrat, entdeckte ich, dass ich einige der Fähigkeiten, die ich zuvor erworben hatte, zusätzlich zu ein paar weiteren, auf meine Position zugeschnittenen Strategien einsetzte.

Vielen Berufsanfängern mangelt es an frühen Erfahrungen im Kundenservice aus früheren Positionen. Das Fehlen eines grundlegenden Verständnisses von exzellentem Kundenservice kann sich in jedem Bereich nachteilig auf die Karriere einer Person auswirken.

Das Verstehen einiger grundlegender Prinzipien kann einem neuen Experten dabei helfen, sicherzustellen, dass die Kunden den Kontakt mit ihm mit Begeisterung beenden.

Der erste Schritt auf dem Weg zu einem außergewöhnlichen Kundenservice ist der Aufbau einer persönlichen Beziehung. Es ist wichtig, dass Sie Ihren Namen nennen und sich erkundigen, wie Sie helfen können, um den Ton des Gesprächs zu bestimmen.

Achten Sie darauf, wie ein Kellner in einem Restaurant mit den Gästen umgeht. Sie nehmen sich immer die Zeit, den Gast zu begrüßen und eine herzliche Beziehung aufzubauen. Auch wenn dieser Schritt trivial erscheinen mag, ist er doch die Grundlage für jeden hervorragenden Kundenservice. Außerdem trägt er dazu bei, dass sich der Kunde wohl fühlt und Sie sympathischer wirken.

Außerdem ist es wichtig, die Schwierigkeiten des Kunden nicht herunterzuspielen. Als Manager erhalte ich oft Fragen, die ich bereits beantwortet habe; dennoch mache ich jede Verbindung so persönlich wie möglich. Auch wenn ich bei einem anderen Kunden ein ähnliches Problem hatte, ist es gefährlich anzunehmen, dass mein aktueller Kunde mit demselben Problem zu kämpfen hat. Jedes Problem ist einzigartig und erfordert eine individuelle Antwort.

Aktives Zuhören ist ein Ansatz, um sicherzustellen, dass Sie auch bei den alltäglichsten Problemen eine persönliche Betreuung bieten.

Indem man dem Kunden die Möglichkeit gibt, sein Problem oder Anliegen zu äußern, ohne ihn zu unterbrechen, und indem man sein Problem noch einmal formuliert, um Klarheit zu schaffen, fördert man aktives Zuhören und einen ausgezeichneten Kundenservice.

Bei der Erbringung von Kundendienstleistungen ist es wichtig, Annahmen darüber zu vermeiden, wie gut der Verbraucher die Situation versteht. Die Fehlersuche beim Kunden sollte immer mit den Grundlagen beginnen und sich von dort aus weiterentwickeln.

Ich habe eine Reihe von einfachen Fragen, die ich jedem Kunden stelle, der ein Problem hat. Durch die Beantwortung dieser grundlegenden Fragen, die so einfach sein können wie das erneute Laden einer Webseite, wird sichergestellt, dass alle denkbaren Lösungen ausgeschöpft werden, bevor man sich komplexeren Problemen zuwendet.

Jeder Kundenservice sollte danach streben, den bestmöglichen Grad an Kundenzufriedenheit zu erreichen. Wenn man die Extrameile geht, um ein Problem zu lösen oder eine Frage zu beantworten, kann das einen erheblichen Einfluss haben. Zunächst konzentrierte ich mich ausschließlich auf die Lösung von Kundenproblemen, aber im Laufe meiner Karriere wurde mir klar, dass es wichtig ist, dafür zu sorgen, dass das Problem in Zukunft nicht wieder auftritt.

Wenn man die Ursache des Problems erkennt oder den Kunden mit dem nötigen Wissen ausstattet, um es selbst zu lösen, ist das ein zusätzliches Maß an Service, das den Unterschied in einer professionellen Beziehung ausmacht.

Leider kommt es immer wieder vor, dass das Problem eines Kunden nicht am Telefon oder bei einem Besuch im Geschäft gelöst werden kann. In einigen Fällen kann eine eskalierte Reaktion erforderlich sein, um das Problem zu lösen. Der Versand eines Produkts über Nacht, die Entsendung eines Technikers oder eine Rückerstattung des Kaufpreises sind akzeptable Lösungen für ernstere Probleme.

Wenn Sie eine Situation eskalieren, ist es wichtig, einen Zeitrahmen anzugeben und eine Antwort zu gewährleisten. Außerdem ist es wichtig, alle notwendigen Informationen einzuholen, um sicherzustellen, dass das Problem ohne weiteren Kontakt mit dem Kunden gelöst wird; Ziel ist es, dass Ihre nächste Interaktion eine Lösung bietet!

Schließlich gibt es keine Garantie dafür, dass der Verbraucher während des Chats ruhig und gelassen bleibt. Er kann gereizt oder aggressiv werden, wenn die von Ihnen vorgeschlagene Antwort nicht seinen Anforderungen entspricht.

In diesem Fall ist es wichtig, einen kühlen Kopf zu bewahren und die Stimme nicht zu erheben, wenn Sie telefonieren. Es ist nicht unüblich, dass ich der betreffenden Person ein oder zwei Minuten Zeit gebe, bevor ich das Problem der oberen Führungsebene vortrage.

Wenn ein Vorgesetzter das Problem ansprechen kann, zeigt das dem Kunden, dass sein Anliegen wichtig ist, und trägt dazu bei, die

Spannungen während des Gesprächs abzubauen. In extremen Fällen, z. B. wenn ein Kunde Drohungen ausspricht oder sich gewalttätig verhält, ist es in Ordnung, die Person zu bitten, das Gespräch zu verlassen oder abzubrechen, auch wenn dies eine extreme Reaktion ist.

Hervorragender Kundenservice ist ein Talent, das sich jeder Berufstätige aneignen kann. Die meisten Kundenservice-Transaktionen werden positiv abgeschlossen, wenn man sich auf den Tonfall, das aktive Zuhören und die Bereitstellung eines hervorragenden Services konzentriert.

Da die Entwicklung von Fähigkeiten Zeit braucht, sollten Sie sich nicht scheuen, neue Wege oder Strategien auszuprobieren. Nur wenn Sie mit neuen Wegen experimentieren, können Sie sich als Fachmann weiterentwickeln und Ihre Fähigkeiten im Kundenservice verbessern.

KAPITEL 10

Kundenservice und Entwicklung einer Kultur der Höchstleistung.

Die Teamkultur hat einen erheblichen Einfluss auf die Leistung unseres Kundendienstteams und die Qualität der Dienstleistungen, die wir unseren Kunden bieten. Der wichtigste Faktor ist die TEAMKULTUR.

Unser Ziel im Kundenservice ist es, dass jeder unserer Kunden einen hervorragenden Kundenservice erhält und bei jedem Anruf bei uns eine Erfahrung mit unserem Unternehmen macht, die seine Erwartungen übertrifft. Jeder Anrufer soll eine positive Erfahrung machen, die ihn dazu verleitet, wiederzukommen und weitere Einkäufe zu tätigen.

Um dieses Ziel zu erreichen, stellen wir qualifizierte Kandidaten ein, bilden sie gut aus und entlohnen sie fair. Wird dies also sicherstellen, dass dieses neue Teammitglied in Zukunft einen außergewöhnlichen Kundenservice bieten kann? Eine vielleicht noch wichtigere Frage ist, ob das neue Teammitglied versuchen wird, einen erfolgreichen Abschluss für unsere Kunden und uns zu erzielen.

Der Einfluss der Teamkultur.

Dies ist eine schwierige Frage, weil die Antwort so individuell ist und von der Person abhängt, die sie beantwortet. Sie hängt viel mehr vom Charakter des Teams ab, in das sie hineingestellt werden - von der Kultur dieser speziellen Gruppe. Innerhalb weniger Tage nach der Einweisung wird die Gruppe die Denkweise dieser neuen Person erheblich beeinflussen.

Sie werden über ihre Rolle und ihre Kunden sprechen, die zu ihnen passen. All diese Kunden sind Idioten; sie hören nie richtig zu. Die Kunden geben uns ständig die Schuld für Dinge, für die wir nicht verantwortlich sind. Unsere Produkte sind minderwertig, und deshalb sind unsere Kunden ständig unzufrieden.

Jeder dieser Sätze spiegelt eine andere Kultur des Teams wider. Jede Kultur ist anerkannt, und ihre Mitglieder werden sich gegenüber ihren Kunden vorhersehbar verhalten - die Kultur diktiert das Verhalten. Jedes der obigen Szenarien veranschaulicht, wie jede Gruppe auf eine Art und Weise reagieren wird, die mit Sicherheit NICHT zu einem exzellenten Kundenservice führen wird.

So wird beispielsweise ein Team, das glaubt, dass es die Experten sind und den wirklich ungebildeten Kunden überlegen ist, hart und ungeduldig mit seinen Anrufern umgehen. Sie weigern sich, ihre Fähigkeiten vor ihren Kunden zur Schau zu stellen und sind unempfänglich für Anweisungen. Aggressive Teams glauben, dass sie nicht das Problem sind, sondern dass die Kunden schuld sind!!!

Das Faszinierende an der Teamkultur ist, wie sehr sie sich ausbreitet. Neue Mitglieder kommen schnell zu der Überzeugung, dass die Weltanschauung des Teams korrekt und "gesunder Menschenverstand" ist. Andere beiläufige Äußerungen von Teammitgliedern unterscheiden schnell zwischen der unterwürfigen und der passiv-aggressiven Teamkultur.

Sie übernehmen die Überzeugungen und Einstellungen, die diese spezifische Teamkultur fördern, die die Verhaltensnormen des Teams prägen - was akzeptables Verhalten innerhalb dieser Gruppe ist und was nicht. Wenn wir die Teamleistung verbessern wollen, müssen wir zuerst unsere GLAUBEN ändern.

Die Überzeugungen eines erfolgreichen Kundendienstteams.

Ein leistungsfähiges Kundendienstteam verfügt über eine ausgeprägte Teamkultur, die als durchsetzungsfähige, kundenorientierte Kultur bezeichnet wird. Sie verfügen über eine Reihe von Einstellungen, Überzeugungen und Verhaltensstandards, die sicherstellen, dass sie im Umgang mit ihren Kunden außerordentlich gut abschneiden, und die sie zu stetigem Wachstum anspornen.

Denken Sie daran, dass sich die Teamkultur aus den gemeinsamen Idealen des Teams ergibt. Wir erreichen diese durchsetzungsfähige, kundenorientierte Kultur, indem wir die gewünschten Überzeugungen definieren und sie innerhalb unserer Teamkultur kontinuierlich fördern und unterstützen.
Es ist machbar, die Kultur einer Organisation oder sogar eines einzelnen Teams zu verändern. Wir ändern die Kultur, indem wir versuchen, unsere Überzeugungen zu ändern.

Die Grundgedanken lauten wie folgt:

1. Dies ist eine gute Organisation, für die es sich zu arbeiten lohnt; und

2. Was wir als Unternehmen tun, ist ein Mehrwert für unsere Kunden. (Dies schließt das Übertreffen von Erwartungen ein)

3. Wir schätzen unsere Kunden. Externe Faktoren sind wichtig. Interne Kunden sind auch Kunden

4. Wir sind ALLE ein Teil dieses Unternehmens, vereint durch ein gemeinsames Ziel.

5. Als Team spielen wir eine wichtige Rolle bei der Verwirklichung unseres gemeinsamen Ziels.

6. Der Erfolg unseres Teams Shared Purpose hängt von meiner Arbeit ab, und meine Bemühungen sind wertvoll.

7. Dieses Team besteht aus sieben Mitgliedern, und jedes von ihnen ist ein Teil des Teams. Es liegt in der Verantwortung jedes einzelnen Teammitglieds, die Vorgaben des Teamleiters zu erfüllen. Die Erwartungen der Kunden werden von allen erfüllt und übertroffen.

8. Erfolg ist erwünscht; Erfolg ist erwünscht.

9. Um erfolgreich zu sein, müssen wir uns ständig verbessern - sowohl individuell als auch als leistungsstarkes Team.

Wir sind ein gutes Team - und in einem Monat oder einem Jahr werden wir ein noch besseres Team sein.

Diese Überzeugungen sind für den Erfolg des Kundendienstes unerlässlich. Wenn Sie ein Mitglied des Managementteams sind, ermutigen Sie Ihre Manager, eine Überzeugung pro Monat zu verbessern. Wenn Sie ein Teamleiter sind, gehen Sie genauso vor. Arbeiten Sie gemeinsam mit dem Team daran, wie wir jede Überzeugung verbessern können. Sie werden schnell die Vorteile in Form von gesteigerter Leistung, Motivation und Arbeitszufriedenheit erkennen.

KAPITEL 11

Verbesserung Ihrer Fähigkeiten im Bereich Kundenservice über Nacht.

Unabhängig davon, welche Methode Sie anwenden, ist es wichtig, das Niveau Ihres Kundendienstes zu messen, um die Kundenbindung zu erhöhen.

Wie können Sie den Kundenservice quantifizieren?

Erfassen Sie ihn anhand der Anzahl der Kunden, die wieder in Ihr Unternehmen kommen?

Ermitteln Sie ihn anhand der Anzahl der Empfehlungen, die Sie erhalten?

Oder messen Sie ihn anhand der Postkarten, die auf jedem Tisch liegen, um ein Kundenfeedback einzuholen?

Was Sie außerdem wollen, ist ein Kunde, der von den Dienstleistungen Ihres Unternehmens genervt ist. Diese Art von Kunden wird fast zehn Personen von ihren negativen Erfahrungen mit Ihrem Unternehmen erzählen.

Wenn derselbe Kunde jedoch eine fantastische Zeit in Ihrem Unternehmen hatte, wird er nur etwa drei Personen davon erzählen. Das ist nicht viel, aber viel besser, als zehn Personen über den minderwertigen Service zu informieren, den er erhalten hat.

Sie haben diesen Satz schon einmal gehört, aber er ist immer noch wahr: "Denken Sie immer daran, dass der Kunde immer Recht hat."

Auch wenn sich die meisten von uns nicht an den neuen "Der Kunde hat immer Recht"-Ansatz gehalten haben, habe ich beobachtet, dass einige

Mitarbeiter ihn ernst genommen haben. Als ich als Arbeitsbiene für ein großes Einzelhandelsunternehmen arbeitete, wurde dies allen Anwesenden gegenüber betont. Bedauerlicherweise ist ihnen dieser Satz entfallen, und sie haben ihre Aufgaben weiterhin wie gewohnt erfüllt.

Dies ist ein weiteres Beispiel dafür, wie man seine Kunden wie Gold behandeln sollte. Ich habe früher in einem Unternehmen gearbeitet, in dem der Chef die Angestellten anwies, "jeden Kunden wie einen König zu behandeln". Ob Sie es glauben oder nicht, das ist mir nicht in den Sinn gekommen, aber ich habe das Gespräch trotzdem fortgesetzt.

Nein, aber ganz ehrlich: Sie müssen eine solide Strategie für den Kundenservice haben, an die sich sowohl Sie als auch Ihr Personal halten können. Dazu könnte eine Begrüßung am Eingang gehören. Einfache Änderungen dieser Art sorgen für Professionalität und vermitteln den Kunden und Klienten den Eindruck, dass Sie wissen, was Sie tun.

Wenn Sie darüber nachdenken, ist das gar nicht so abwegig. Wenn Sie Ihre Kunden zufrieden stellen, kommt das Ihrem Unternehmen zugute und führt zu mehr Weiterempfehlungen von bestehenden Kunden. Machen Sie sich jedoch nicht die Mühe, wenn Sie nicht glauben, dass sich ein Erfahrungsbericht mit einem Kunden lohnt.

Wenn Sie Stammkunden haben wollen, sollten Sie den Kundenservice in den Vordergrund stellen. Einfache Gesten, wie z. B. die Art und Weise, wie Sie mit den Menschen sprechen und wie Sie sie behandeln, haben einen großen Einfluss auf sie. Ich hoffe aufrichtig, dass Sie diese Praktiken des Kundendienstes in Ihrem Unternehmen bereits anwenden.

Ken Blanchard, ein Management-Guru, drückte es am besten aus, als er sagte: "In der Vergangenheit war eine Führungskraft ein Chef. Heutige Führungskräfte müssen mit ihren Anhängern zusammenarbeiten; sie können nicht mehr ausschließlich auf der Grundlage ihrer Position herrschen."

Effektive Unternehmenspraktiken beginnen an der Spitze und sickern nach unten durch. Diese Regel gilt auch für einen soliden Kundenservice. Wenn die Geschäftsleitung die Kunden mit Respekt behandelt, werden die Mitarbeiter dies auch tun.

Führungskräfte, die ihre Wertschätzung für ihre Mitarbeiter zeigen, indem sie für die Kunden da sind, werden die ihnen unterstellten Mitarbeiter dazu inspirieren, das Gleiche zu tun. Dieser umfassende Ansatz für einen guten Kundenservice kommt dem gesamten Unternehmen zugute und trägt dazu bei, Kunden zu binden.

Wie kann diese Technik in einem Unternehmen erfolgreich eingesetzt werden?

Sichtbarkeit des Managements.

Das Management sollte als Teammitglied betrachtet werden.

Nehmen Ihre Mitarbeiter und Kunden die Leitung Ihres Unternehmens so wahr?

Müssen sich die Kunden bei Problemen immer an die Geschäftsleitung wenden?

Wäre es nicht besser, wenn die Führungskraft im Geschäft unterwegs wäre, sofort sichtbar wäre und gleichberechtigt mit den anderen Mitarbeitern Kontakte zu den Kunden aufbauen könnte?

Wenn es um die Sichtbarkeit des Managements geht, ist die Wahrnehmung wichtig.

Das Management sollte ansprechbar sein.

Fühlen sich die Mitarbeiter wohl dabei, sich mit Vorschlägen für Verbesserungen im Kundenservice an ihre Vorgesetzten zu wenden?

Wenn sie sich das nicht zutrauen, gehen ihnen möglicherweise einige Vorschläge verloren, die dazu beitragen können, bestehende Kunden zu halten und neue Kunden zu gewinnen. Die Geschäftsführung sollte für die Mitarbeiter erreichbar sein, aber auch die Kunden sollten wissen, dass die Geschäftsführung ihnen helfen kann.

Wenn ein Kunde versucht, ein Problem zu lösen, ist einer der schlimmsten Eindrücke, die er hinterlässt, dass die Geschäftsleitung Angst macht. Die Geschäftsleitung sollte ein Partner sein, der das Problem so früh wie möglich löst.

Die Top-Down-Methode erfordert möglicherweise eine Auffrischungsschulung des Managements im Bereich Kundenservice. Es muss regelmäßig daran erinnert werden, dass der Kunde die wichtigste Komponente eines erfolgreichen Geschäftsbetriebs ist.

Sobald die Unternehmensleitung dieses Konzept in ihrem Denken verankert hat, kann die Kundendienstkultur in einem Unternehmen wirklich gedeihen und die Vorteile einer verstärkten Kundenbindung und Mitarbeitermoral ernten.

Wenn Sie rentabel und erfolgreich im Geschäft bleiben wollen, müssen Sie sich an diese Marketinggrundsätze halten. Sie müssen eine Schrittfür-Schritt-Methode anwenden, um Kunden in Ihr Unternehmen zu locken und sie davon zu überzeugen, immer wieder bei Ihnen zu kaufen (und eine Weiterempfehlung wäre hilfreich!).

SCHLUSSFOLGERUNG.

Führungskräfte müssen über außergewöhnliche Fähigkeiten im Bereich des Kundendienstes verfügen, um den Anforderungen anderer gerecht zu werden. Dies geht über die Pflicht hinaus, um sicherzustellen, dass die Kunden mit den von ihnen erworbenen Produkten und Dienstleistungen zufrieden sind. Es wird erörtert, was getan werden kann, um dies zu erleichtern.

Es gibt viele Bereiche, in denen die Unternehmensleitung ihren Mitarbeitern etwas beibringen kann, wenn sie regelmäßig mit Kunden in Kontakt sind. Von den Mitarbeitern wird erwartet, dass sie die Aufmerksamkeit der Kunden auf sich ziehen.

Dadurch können sie sich in den Kunden hineinversetzen und mitfühlen, wenn es nötig ist. Das bedeutet nicht, dass sie sich verstellen, sondern dass sie authentisch sind. Derjenige, der als Ausländer in den Vereinigten Staaten lebt, wird dies bemerken und genießen.

Er oder sie wird sich dadurch sogar wertgeschätzt fühlen, so dass sich die Mühe lohnt. Jeder, der in das Geschäft einsteigt, wird dies bemerken, und er wird es vorziehen, mit der Person zu tun zu haben, die sich um ihn kümmert, anstatt mit der Person, die das nicht tut.

Respekt ist eine ständige Anforderung. Unternehmen können ihren Mitarbeitern diesen Respekt vermitteln, indem sie ihnen zeigen, wie man mit allen Kunden richtig umgeht. Eine Methode, um dies zu erreichen, sind zum Beispiel Umgangsformen.

Sie können einen speziellen Kurs oder eine Schulung organisieren, um dies zu erleichtern. Jeder ist verpflichtet, an Rollenspielen teilzunehmen und den Kurs zu bestehen, bevor er mit anderen Mitarbeitern des Unternehmens zusammenarbeitet.

Wenn sich ein Kunde nach einem Artikel erkundigt, wird dieser umgehend geliefert. Zum Kundenservice gehört es, über das hinauszugehen, was von ihm verlangt wird. Dazu kann gehören, dass der Kunde den Artikel anprobieren darf, bevor er den Kauf abschließt.

Wenn jemand auf diese Weise handelt, beweist er dienende Führungsqualitäten, indem er die Bedürfnisse anderer über seine eigenen stellt. Der Verbraucher ist begeistert.

Entgegen der allgemeinen Annahme hat der Kunde nicht immer Recht. Wenn eine Beschwerde eingeht, hat die Geschäftsleitung dem Mitarbeiter Anweisungen gegeben, wie er sie erfolgreich bearbeiten kann. Mitunter kann dies eine Phase der Demut erfordern. Die Fähigkeit, in dieser Situation erfolgreich zu sein, erfordert Geduld. Das Ziel ist jedoch, alle Kunden zufrieden zu stellen.

Fähigkeiten im Bereich des Kundendienstes ermöglichen es dem Einzelnen, in seinem Beruf erfolgreich zu sein. Das Ziel ist es, die Kunden zufrieden zu stellen, unabhängig davon, ob sie richtig oder falsch liegen. Alle werden Erfolg haben, wenn sie

Geduld, überzogene Erwartungen, Etikette, Respekt und Sensibilität entwickeln.

Viel Glück!

Management-Fähigkeiten für Führungskräfte

1. Zeitmanagement für Manager

2. Mitarbeiter-Coaching für Manager

3. Teambildung für Manager

4. Selbstvertrauen für Manager

5. Verhandlungsgeschick für Manager

6. Kundenservice-Fähigkeiten für Manager

7. Durchsetzungsvermögen für Manager

www.ingramcontent.com/pod-product-compliance
Lightning Source LLC
Chambersburg PA
CBHW070117230526
45472CB00004B/1295